Murtazain Raza

Impacto dos problemas de eletricidade na agronomia do Paquistão

Murtazain Raza

Impacto dos problemas de eletricidade na agronomia do Paquistão

ScienciaScripts

Imprint
Any brand names and product names mentioned in this book are subject to trademark, brand or patent protection and are trademarks or registered trademarks of their respective holders. The use of brand names, product names, common names, trade names, product descriptions etc. even without a particular marking in this work is in no way to be construed to mean that such names may be regarded as unrestricted in respect of trademark and brand protection legislation and could thus be used by anyone.

Cover image: www.ingimage.com

This book is a translation from the original published under ISBN 978-3-659-85368-5.

Publisher:
Sciencia Scripts
is a trademark of
Dodo Books Indian Ocean Ltd. and OmniScriptum S.R.L publishing group

120 High Road, East Finchley, London, N2 9ED, United Kingdom
Str. Armeneasca 28/1, office 1, Chisinau MD-2012, Republic of Moldova, Europe
Managing Directors: Ieva Konstantinova, Victoria Ursu
info@omniscriptum.com

Printed at: see last page
ISBN: 978-620-8-37760-1

QUADRO DE CONTEÚDOS

AUTOR(ES):

1.	**MURTAZAIN RAZA, ESTUDANTE DE DOUTORAMENTO EM ECONOMIA, UNIVERSIDADE DE HAMDARD, INSTITUTO HAMDARD DE CIÊNCIAS SOCIAIS (H.I.E.S.S), CAMPUS PRINCIPAL, KARACHI, PAQUISTÃO.**

ENDEREÇO DO ESCRITÓRIO: MURTAZAIN RAZA, DIRECTOR-GERAL, HABIB METROPOLITAN BANK LIMITED, CEO OFFICE, SEDE, I. I. CHUNDRIGAR ROAD, KARACHI.

ENDEREÇO POSTAL DE RESIDÊNCIA: R-43, SECTOR 7/D-1, SHADMAN TOWN, NORTH KARACHI, KARACHI 75850; PAQUISTÃO: TELEMÓVEL +923442224000. EMAIL murtazainraza@!hotmail.com

2.	**DR. AHMAD SAEED, SUPERVISOR DE INVESTIGAÇÃO, INSTITUTO HAMDARD DE EDUCAÇÃO E CIÊNCIAS SOCIAIS (H.I.E.S.S), UNIVERSIDADE HAMDARD, CAMPUS PRINCIPAL, KARACHI, PAQUISTÃO.**

INSTITUTO HAMDARD DE EDUCAÇÃO E CIÊNCIAS SOCIAIS

UNIVERSIDADE DE HAMDARD

19 DE FEVEREIRO DE 2016

RESUMO

O Paquistão é um país menos desenvolvido, com um desenvolvimento limitado em todas as épocas devido à junção de problemas, tal como o Paquistão enfrenta atualmente. Infelizmente, o Paquistão tem sido inicialmente inexistente. Durante os anos 60, apercebendo-se da sua importância, foram tomadas medidas para o seu desenvolvimento e, desde então, os especialistas têm vindo a enfatizar o crescimento equilibrado entre o sector industrial e o sector agrícola. Há cerca de 50 anos, o sector agrícola foi negligenciado por se considerar a sua eletricidade tradicionalmente um sector ultrapassado. A eletricidade é essencial para o funcionamento das fábricas de maquinaria, dos moinhos, das destilarias, das unidades industriais, bem como das sociedades de iluminação do Estado. Este domínio exige atenção. Os Estados podem debruçar-se seriamente sobre este assunto, consultando pessoas especializadas, e depois podem cobrir o débito de eletricidade a um determinado nível. Necessidade essencial de tecnologias mais recentes, como as centrais de bagaço/biogás, para satisfazer a procura agregada de eletricidade no país. O Paquistão necessita de cerca de 15000 a 20000 MW de eletricidade por dia, mas atualmente consegue produzir cerca de 10500 MW por dia, pelo que existe uma carência de cerca de 5000 a 10000 MW por dia. Esta escassez está a prejudicar gravemente o crescimento económico do país. A situação da eletricidade tem, sem dúvida, afetado todos os sectores da máquina paquistanesa, desde a economia à indústria, da agricultura à vida social, da inflação à pobreza, e está a prejudicar drasticamente o progresso nacional. A eletricidade é o principal problema que o Paquistão enfrenta atualmente.

Deveríamos aprender uma lição com a China, a Alemanha, a Malásia, a Austrália e o Bangladesh, que são enormes produtores de eletricidade a partir da cogeração de biogás/bagaço. Uma vez que não é possível aumentar a área cultivada com cana-de-açúcar, o segundo passo sugerido é envidar esforços para desenvolver novas variedades que ofereçam maior rendimento e recuperação através de institutos de investigação agrícola e medidas mais eficazes necessárias para o controlo de doenças e a utilização de melhores pesticidas. A disponibilidade de um abastecimento adequado de água, a utilização adequada de fertilizantes e a pulverização correta de insecticidas e pesticidas podem melhorar o rendimento por hectare. Para além do açúcar, é possível diversificar e produzir etanol, que se tem revelado muito útil nas economias em desenvolvimento.

CLASSIFICAÇÃO JEL: D24, E24, E32, F16, J24, J43, Q11, Q13, Q15.

PALAVRAS-CHAVE: PRODUÇÃO, EMPREGO, FLUTUAÇÕES ECONÓMICAS, COMÉRCIO

INTERACÇÕES ENTRE A PRODUÇÃO E O MERCADO DE TRABALHO, CAPITAL

HUMANO, MERCADOS DE TRABALHO AGRÍCOLAS, ANÁLISE AGREGADA DA OFERTA E DA PROCURA, MERCADOS AGRÍCOLAS, IRRIGAÇÃO. DIGESTÃO ANAERÓBIA, RESÍDUOS AGRÍCOLAS, CENTRAL DE BIOGÁS, COGERAÇÃO DE BAGAÇO.

Problemas de eletricidade no Paquistão

A República Islâmica do Paquistão foi criada em 1947, uma república de 170 milhões de pessoas, cheia de recursos naturais e com mais de 65 anos de independência, mas que ainda não é respeitada na comunidade mundial. Em menos de 30 anos de independência, a sua ala separou-se (Bangladesh). O Paquistão tem quase todos os tipos de problemas, incluindo a falta de eletricidade, a má economia, a falta de instalações educativas, a falta de hospitais, a inflação e a falta de água pura em muitas regiões. Estes problemas existem no Paquistão desde a sua independência, que foi mencionada acima há mais de sessenta e cinco anos.

A eletricidade é hoje o principal problema do Paquistão. A eletricidade no Paquistão é produzida, transmitida, distribuída e fornecida a retalho por dois serviços públicos integrados verticalmente: A Water and Power Development Authority (WAPDA) para a totalidade (exceto Karachi) e a Karachi Electric Supply Corporation (KESC) para a cidade de Karachi e as suas regiões contagiosas. Atualmente, cerca de vinte unidades autónomas de produtores de energia contribuem significativamente para a produção de eletricidade no Paquistão.

Convencionalmente, a população que vive nas zonas rurais está privada das necessidades básicas da vida. É um país onde o fosso financeiro entre ricos e pobres aumenta de dia para dia. O conteúdo dos sectores rurais do país tem vindo a aumentar nos últimos 10 anos, o que tem contribuído para que a investigação e o desenvolvimento se tornem cada vez mais difíceis, e o desenvolvimento do estilo de vida tem de ser intensificado, o que constitui um elemento fundamental para o Paquistão.

O Paquistão enfrenta graves défices de eletricidade

De um modo geral, o tecnicismo é a confiança na tecnologia como benfeitora de qualquer sociedade. Levado ao extremo, o tecnicismo é a crença de que a humanidade acabará por ser capaz de controlar toda a existência utilizando a tecnologia. A infraestrutura de eletricidade do Paquistão não está bem desenvolvida, sendo antes considerada menos desenvolvida e mal gerida. Atualmente, a nossa nação enfrenta uma grave situação de carência energética. A oferta agregada de eletricidade é, por conseguinte, muito inferior à procura agregada real, o que levou ao surgimento de uma situação difícil no país. Apesar do forte crescimento económico e do aumento da procura de eletricidade durante a última década, não foram feitos esforços sérios para instalar novas capacidades de produção de eletricidade. Além disso, o rápido crescimento da procura, o roubo de eletricidade devido a infra-estruturas obsoletas e as reduções sazonais da disponibilidade de energia hidroelétrica agravaram a situação.

Consequentemente, a procura global excede a oferta e, por isso, o corte de carga é um fenómeno comum no país. Em 2009-2010, a oferta de energia e a disponibilidade de energia per capita registaram um declínio de 0,64% e 3,09%, respetivamente, em comparação com o ano anterior. O Paquistão necessita de cerca de 20000 a 25000 MW de eletricidade por dia, mas atualmente consegue produzir cerca de 10500 MW por dia, pelo que existe uma escassez de cerca de 5000 a 10000 MW por dia. Esta escassez está a prejudicar gravemente o crescimento económico do país.

Durante anos, a questão do equilíbrio do aprovisionamento do Paquistão foi contraditória, uma vez que a procura de eletricidade continuou a ser uma questão em grande parte não resolvida. O Paquistão enfrenta um desafio significativo na renovação da sua rede de distribuição responsável pela K-Electric. O Paquistão sofre de uma enorme escassez de eletricidade. A produção de eletricidade no Paquistão aumentou cinquenta por cento nos últimos anos, devido a uma dependência excessiva da energia hidroelétrica.

Em 2008, a disponibilidade de energia no Paquistão ficou aquém das necessidades da população em quinze por cento. O Paquistão foi atingido pela sua pior situação energética em 2007, a produção caiu 6000 Megawatts e registaram-se apagões maciços no país. Devemos ter em conta a gestão do tempo, uma vez que a perda de carga (apagões deliberados) e o apagão de energia se tornaram graves no Paquistão nos últimos tempos. Os principais obstáculos continuam a ser as centrais de produção de eletricidade inadequadas e a instabilidade política, fator cumulativo que faz surgir a forte procura de energia e a falta de eficiência e sustentabilidade no país.

Devido ao mau funcionamento da eletricidade que obstrui o sector rural do Paquistão

O sector da agricultura desempenha um papel fundamental na criação de infra-estruturas industriais saudáveis, de serviços públicos e na prosperidade da economia paquistanesa através de uma variedade de canais. Quase 20% do RNB e 43% do emprego total são gerados neste sector. A agricultura é a espinha dorsal da economia do Paquistão, que contribui com mais de 22% para o produto interno bruto do país.

Uma grande parte da população de agricultores está direta e indiretamente relacionada com o sector agrícola. As nossas principais épocas de colheita são Kharif e Rabi e as principais culturas são o arroz, o algodão, o trigo, a cana-de-açúcar e o milho. A agricultura paquistanesa satisfaz a procura da sua população e fornece matéria-prima para a indústria paquistanesa, ou seja, têxteis e açúcar. Embora a pobreza do sector rural não seja, infelizmente, uma realidade, o sector rural do país não é tratado com a devida importância. Por conseguinte, uma série de obstáculos impediram-no de atingir o seu potencial máximo de produção (ver Quadro 1).

Colisão da avaria de eletricidade na projeção agrícola no Paquistão

Quadro 1: Diferença de rendimento (principais culturas)

Country	Wheat	Difference From Best*	Sugarcane	Difference From Best*	Rice (Paddy)	Difference From Best*	Cotton Seed	Difference From Best*
World	3086	65	71510	59	4309	44	2099	54
China	**4762**	**100**	73114	60	6556	67	**3906**	**100**
India	2802	59	68877	57	3370	35	1206	31
Pakistan	2451	52	51494	43	3520	36	2046	52
USA	3018	63	73765	61	7672	79	2250	58
Brazil	-	-	79709	66	4229	44	3757	96
Egypt	-	-	**121136**	**100**	**9731**	**100**	2333	60

*Best = 100
Data pertains to 2008

Source: Ministry of Food and Agriculture

O impacto das tecnologias mecânicas sobre a projeção agrícola e as estruturas agrárias foi fixado em grande parte como resultado de uma economia intacta e controversa no Paquistão. Apesar da controvérsia contínua sobre o seu impacto, o número de tractores aumentou rapidamente desde meados dos anos sessenta Figura 2.

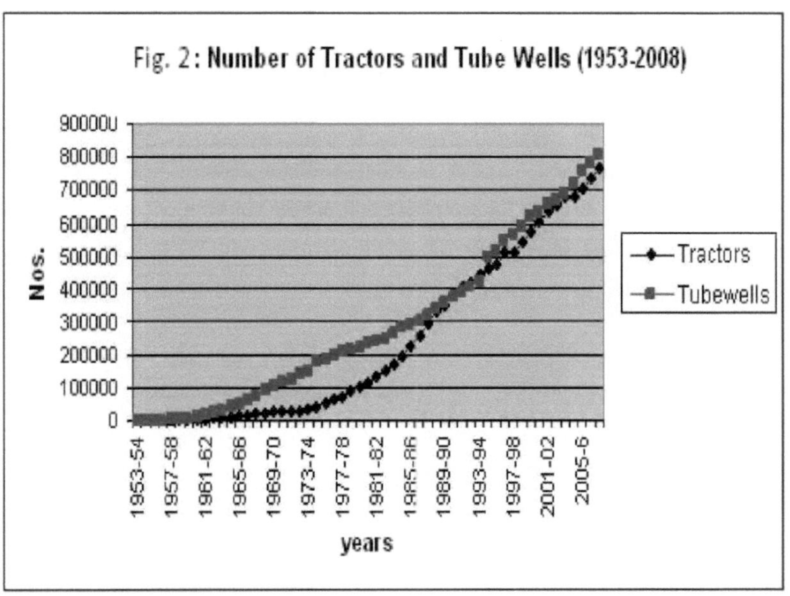

Os tractores em manobra aumentaram numa proporção média de mais de 14% no período dos anos setenta e 13 no primeiro semestre dos anos noventa. A tendência de desenvolvimento dos tractores diminuiu no final dos anos 90, porque a maioria dos grandes agricultores já tinha, nessa altura, equipado as suas explorações com o equipamento agrícola necessário. A automatização das explorações agrícolas mais pequenas não é fácil, uma vez que aproximadamente todas as máquinas agrícolas acessíveis no Paquistão são maioritariamente consideradas como operando em grandes explorações agrícolas. No entanto, os tractores mais pequenos estão a ganhar popularidade e as possibilidades do seu fabrico no Paquistão estão a ser exploradas. Apesar do aumento do número de tractores e de poços tubulares, estima-se que a disponibilidade de energia eléctrica nas explorações agrícolas do Paquistão esteja ainda muito aquém do nível ótimo e que muitas tarefas na maioria das explorações agrícolas sejam ainda executadas manualmente.

Contexto do Paquistão (1947-2012)

Nas últimas cinco décadas, assistiu-se a uma mudança notável na riqueza económica de vários países e continentes. Os países pobres, subdesenvolvidos e em desenvolvimento, que representam dois quintos da população mundial, sofreram, em geral, uma transformação fundamental. A excelência entre o progresso e o desenvolvimento, o Sul e o Norte, o Primeiro Mundo e o Terceiro Mundo tornaram-se supérfluos e irrelevantes, pela primeira vez desde que o número de países sobre a pobreza acumulada em todos os seis continentes registou uma deterioração dos níveis normais de pobreza.

Nos anos 60, o Paquistão continuava a ser um país em desenvolvimento típico e as suas exportações de produtos manufacturados eram superiores às da Indonésia, Malásia, Filipinas e Tailândia. Enquanto o seu vizinho de porta maior estava atolado com uma taxa de desenvolvimento de três proporções, o Paquistão registava uma taxa de crescimento anual de cerca de seis por cento. O anexo oriental do país foi deixado para trás neste rápido progresso e decidiu tornar-se independente em 1971. Nessa altura, os panoramas económicos do Bangladesh foram baptizados pela comunidade mundial em termos muito pouco caridosos.

Na década de 1970, o Vietname foi totalmente esmagado por uma guerra prolongada contra uma superpotência. Mais tarde, não só as quatro repúblicas da Ásia Oriental acima referidas desenvolveram uma potência económica e energética, como também a Índia, o Bangladesh e o Vietname, que estavam muito atrás de nós em praticamente todos os indicadores, não só se mantiveram como estão a ganhar terreno. A Índia, apesar da sua grande população e do período contínuo de vigência da democracia, precisa de se tornar um dos condutores do impulso do crescimento económico mundial.

O abrandamento da economia indiana é encarado com solene apreensão pelo resto do mundo. Do ponto de vista histórico, a pergunta que se impõe é a seguinte: por que razão o Paquistão terminou na situação económica em que se encontra? O problema com este esclarecimento é que parte do princípio de que nós, uma nação orgulhosa de 220 milhões de pessoas, somos tão crédulos, crédulas, certamente submissos à ação de outros e a estímulos externos que somos incapazes de extrair o que é verídico do ilusório para nós próprios e para a nossa adolescência.

Consequentemente, pondo de lado esta epopeia popular, vamos tentar explorar os esclarecimentos razoáveis de outrora para quantificar o declínio económico do Paquistão. Deve ser examinada a compreensão cumulativa do crescimento económico e do desenvolvimento em várias épocas da história do Paquistão, mantendo as mudanças no pensamento académico que pretende diferentes épocas em segundo plano.

Por outro lado, a inclinação inflexível do clube das reminiscências provoca perdas; o corpo de conhecimento não permanece estático e continua a mudar com o passar do tempo e o advento de novas evidências. com a ideia de evolução estável, desenvolvimento, regularizações, elevações autoritárias, menor reforço criterioso, pensamento nacional orientado para a exportação e simetria suave nas economias do país. A conclusão deste aspeto da prosa do papel central do Estado em voga através do estabelecimento e planeamento, para desenvolver o encapsulamento cíclico económico para realizar a formação económica. As estratégias anuais do primeiro semestre, as iniciativas estatais para a criação de empresas, as grandes indústrias de enquadramento desenvolvem os principais instrumentos de eficácia e afetação de recursos.

Mecanismos antigos do Paquistão: a controversa luta pelo poder entre os Estados Provinciais e os Estados Locais

O sector-chave das exportações agrícolas do Paquistão era totalmente desequilibrado e poderia manter o nível de estabilidade do país e, por conseguinte, o mecanismo de substituição das importações acena com a necessidade de importar tecnologia e a industrialização liderada pelas empresas públicas maximizaria o crescimento económico, com destaque para a produção de bens de capital e a primazia da indústria potencial.

Na década de 1960, o Paquistão não organizou esta estratégia, embora tenha adotado um modelo de economia mista em que o sistema nacional de indústrias, mas depois as cedeu a empresas privadas. A motivação do lucro estimulou então estes empresários privados a investir e a expandir-se noutras áreas da economia. Simultaneamente, foram introduzidas melhorias económicas na agricultura, na terra e noutros sectores do comércio e da fiscalidade.

A influência académica do progresso gerido pelo Estado e do regulador sobre o estatuto de autoridade da economia pelo Estado alastrou ao Paquistão no final da década de 1960 e no início da década de 1970 e contribuiu para armar os rivais políticos do Estado. O slogan "poucas famílias supervisionam a riqueza do país" e a exclamação de falta de economia provincial por parte dos economistas especialistas do anexo oriental reforçaram o movimento contra Ayub Khan.

A guerra de 1965 com a Índia também deixou um sentimento de vulnerabilidade ao povo do Paquistão Oriental e o ímpeto económico também sofreu um revés. De acordo com os economistas mais experientes, este período esclareceu, em documentos de trabalho de investigação, que as reformas económicas e políticas eram essenciais para o Paquistão enquanto nação, e que as indústrias, instituições financeiras, companhias de seguros, empresas e instituições académicas mais importantes foram nacionalizadas de forma meteórica, sem uma preparação adequada.

A tendência de financiamento e investimento dessas indústrias e desses segmentos foi a invasão das mãos dos burocratas na concessão de licenças, alvarás e recursos financeiros. Funcionários do Estado, sem investimento em formação ou mesmo sem experiência em comerciais consecutivos, foram delegados na gestão de mega-negócios orçamentais tão críticos para o resto da economia. Desprovidos de compressões viáveis para o mercado e preocupados sobretudo com a conciliação com os seus chefes políticos, afectaram recursos a projectos e actividades que não eram economicamente viáveis nem comercialmente exequíveis.

Em nome da redistribuição para os pobres, o crescimento económico foi sacrificado, tornando os pobres inferiores. A nacionalização das instituições financeiras e a proliferação de instituições financeiras de desenvolvimento (IFD) detidas e mantidas pelo Estado revelaram uma alternativa ao Main Boulevard da beneficência. O capital de garantia foi concedido na condição de estas instituições controladas pelo Estado aos mutuários politicamente influentes que nunca reembolsaram os empréstimos. Através de sobrefaturação, conluio com funcionários das instituições financeiras e manipulações contabilísticas, estes industriais criados pelo Estado financiavam a sua própria participação no capital da indústria (para além da reservada às empresas públicas) com estes empréstimos. Depois de os patrocinadores terem recuperado várias vezes o seu capital, as empresas foram abandonadas como "indústrias doentes' e deixadas ao cuidado dos credores. No final da década de 1990, mais de metade dos adiantamentos de NPLs efectuados pelas instituições financeiras comerciais nacionalizadas (BCN) e pelas IFD estavam bloqueados nestes sectores doentes. As perdas incorridas pelas instituições financeiras e pelas IFD foram, por sua vez, suportadas pelos contribuintes.

A culpa da catástrofe dos anos setenta foi atribuída principalmente a imprecisões políticas locais devidas a preços partidários. A comunicação retirada das economias da Ásia Oriental foi a de que a industrialização canalizada pelo mercado, no contexto de uma economia relativamente aberta, poderia resultar num crescimento rápido se as indústrias fossem capazes de competir nos mercados de exportação.

Começaram a surgir elementos de um novo consenso que enfatizava a contenção monetária, a manutenção de taxas de juro reais positivas, o défice fiscal a um nível sustentável, uma taxa de câmbio real que melhorasse a competitividade internacional e promovesse as exportações, a redução do volume da dívida externa para níveis geríveis e reformas estruturais como as reformas do sector financeiro, a fixação de preços remuneradores para os produtores, a liberalização do comércio e as reformas fiscais para tornar a economia flexível e eficiente.

Associando as reformas dos mecanismos no Paquistão e no país vizinho (Índia), o período 1988-1999 assistiu a numerosas alterações no Estado desde quatro eleições gerais com quatro Estados provisórios. A tentativa de ultrapassar o outro partido político foi a principal preocupação dos sucessivos Estados na década de 1990.

O Estado de Musharraf, que assumiu o poder em outubro de 1999, assegurou importantes melhorias económicas num período de seis anos, entre 2000 e 2006, que desaceleraram em 2007, segundo a imprensa, "devido à iminência de eleições e ao confronto com o poder judicial". A intensidade e a frequência das reformas foram elevadas no período inicial de três anos, antes da transição para o Estado eleito no final de 2002.16 O Paquistão cumpriu com êxito todos os critérios de desempenho no âmbito do programa Stand-by e do Mecanismo para a Redução da Pobreza e para o Crescimento (PRGF) negociado com o FMI. As principais áreas de reformas bem sucedidas foram o comércio e as tarifas, o sector financeiro, incluindo a privatização das instituições financeiras comerciais nacionalizadas, o fim do domínio da Pakistan Telecommunication Corporation e a abertura do sector ao sector privado e a promoção do ensino superior. A devolução de poderes aos Estados locais e as reformas da polícia foram muito importantes, mas ficaram envoltas em controvérsia, retrocesso e luta pelo poder entre os Estados provinciais e os Estados locais. Em terceiro lugar, cada conjunto de reformas tem vencedores e vencidos. Os perdedores das reformas são identificáveis, imediatos e coesos.

Se os subsídios forem eliminados, se os bens importados se tornarem caros, se os salários diminuírem e se o emprego no sector público for congelado ou reduzido em consequência das reformas, os que atualmente beneficiam dessas políticas farão imediatamente ouvir a sua voz. Reunir-se-ão, organizarão manifestações públicas, abordarão os seus representantes eleitos, coagirão os meios de comunicação social a dar-lhes ampla cobertura e criarão condições difíceis para o partido no poder. Por vezes, podem tornar-se indisciplinados e recorrer à violência ou à perturbação dos serviços públicos. Vejamos dois exemplos para ilustrar este ponto.

Segundo eles, estas práticas têm origem há quase um século nas práticas das cooperativas de crédito alemãs e têm sido utilizadas mais recentemente em numerosos países em desenvolvimento. Os empréstimos de responsabilidade conjunta têm sido tipicamente bem sucedidos na atribuição de crédito sob a forma de pequenos empréstimos a mutuários pobres que não dispõem dos activos necessários para apresentar as garantias exigidas tipicamente pelas instituições financeiras comerciais e estatais".

Causas profundas da eletricidade no sector agrícola do Paquistão

Os elementos-chave mencionados a seguir são o cerne das destruições que prejudicam gravemente toda a nação, uma vez que a procura agregada excede a oferta e, por conseguinte, o corte de carga é um fenómeno comum através do corte de energia no país.

(1)   Eletricidade

(2)   Encharcamento e salinidade

(3)   Modos de cultivo ultrapassados

(4)   Falta de tecnologia

(5)   Feudalismo, concentração de terras em poucas mãos

(6)   Infra-estruturas - acesso às zonas urbanas

(7)   Falta de facilidades de crédito para os pequenos agricultores

(8)   Falta de acesso organizado e ao mercado

(9)   Pouco ganho para o agricultor

(10)   Falta de educação

(11)   Falta de capital

(12)   Antieconómicas Explorações agrícolas

(13)   Escassez de água

(14)   Não existe um sistema de posse de terra no sector rural

(15)   Erosão do solo

(16)   Pragas e doenças das culturas

(17)   Meios de transporte deficientes

(18)   Baixo rendimento por hectare

(19)   Corrupção e instabilidade

(20)   Sobrepopulação e pobreza no sector rural

(21)   Questões de saúde

(22)   A falta de equipamento agrícola; são as causas profundas do atraso na agricultura e os principais problemas que o Paquistão enfrenta atualmente.

No sector da agricultura, em especial no sector agronómico, a indústria necessita de um preço de mercado justo, tendo em conta os custos de produção da eletricidade e do atraso tecnológico, bem como a rentabilidade económica dos capitais próprios. Uma vez que o custo de produção do açúcar depende inteiramente, em cerca de 85%, do quadro político governamental, só o governo deve resolver as questões pendentes.

Impacto da situação da eletricidade no Paquistão

Factores económicos: A eletricidade é essencial para o funcionamento de todos os outros recursos e a sua situação tem um impacto direto em todos os outros sectores da economia. O progresso económico é vulnerável ao declínio da produtividade agrícola e à incerteza nas operações das indústrias. Um fator importante da redução do PIB e da inflação dos preços dos produtos de base verificada nos últimos anos é atribuído a falhas no fornecimento de eletricidade. A eficiência do sector agrícola do Paquistão está a enfraquecer devido ao fornecimento de energia para o funcionamento de poços tubulares, máquinas agrícolas e produção de fertilizantes e pesticidas. Assim, mais energia significa maior produtividade agrícola.

Setor industrial: Quase todas as unidades industriais são geridas com energia e a quebra no fornecimento de eletricidade está a ter consequências terríveis para o crescimento industrial. Em consequência da diminuição do fornecimento de energia, não só estão a ser abertas unidades industriais, como também as unidades industriais existentes estão a fechar gradualmente. Desemprego: Com o encerramento de unidades industriais e a diminuição da produtividade agrícola, deixaram de existir novas oportunidades de emprego e a mão de obra já empregada é triturada pelos empregadores para aumentar os seus rácios de lucro. Assim, a situação energética contribui para o desemprego.

Questões sociais: Este fator está principalmente relacionado com a utilização doméstica da energia (cozinhar, aquecer e fornecer água). Os cortes de carga causam inquietação e frustração entre as pessoas e resultam em agitação contra o Estado.

Pobreza: O declínio do crescimento económico, a baixa produtividade agrícola, o desemprego e a paralisação do crescimento industrial resultam no aumento da pobreza. Atualmente, cerca de quarenta por cento da nossa população vive para além do limiar de pobreza e este rácio aumenta de dia para dia. Um amplo controlo da situação energética contribuirá certamente para reduzir a ameaça da pobreza.

Citação "O Paquistão pode produzir eletricidade a partir de resíduos de legumes e de cana-de-açúcar:

Islamabad, Paquistão, pode produzir eletricidade a partir de resíduos de legumes e de cana-de-açúcar para aumentar a produção agrícola.

Ahmed Jawad, membro da Câmara de Comércio e Indústria de Islamabad (ICCI) e diretor executivo da Harvest Trading Co, afirmou-o numa declaração emitida na quinta-feira. Afirmou que a agricultura é a linha de vida do nosso país e que poderiam ser obtidos milhares de milhões de rupias se fossem adoptadas políticas adequadas.

O Comissário referiu que a União Europeia (UE) aprovou legislação segundo a qual cada país membro deve produzir pelo menos 22,1% da sua eletricidade a partir de recursos renováveis, a fim de cumprir o compromisso de produzir energia a partir das melhores fontes de energia alternativas. Do mesmo modo, cerca de 70% da população rural do país pode facilmente beneficiar da energia do biogás, uma vez que estas instalações são de baixo custo e podem ser geridas com um orçamento reduzido.

O estudo indica que as fontes de energia renováveis e sustentáveis são o melhor substituto para os combustíveis e fontes de energia convencionais. No Paquistão, cerca de 40% das frutas e legumes do país são desperdiçados devido ao mau manuseamento durante a colheita, o transporte e a falta de instalações de armazenamento.

Os resíduos de frutas e produtos hortícolas deixados para trás durante a colheita, que não são utilizados e não são desejados nos campos agrícolas e nas fábricas de transformação, disse, acrescentando que não só são literalmente desperdiçados, como muitas vezes é necessário tempo e trabalho para os eliminar.

Mas e se todos esses produtos não utilizados pudessem ser transformados em energia? Jawad disse Reciclar a madeira urbana e os resíduos vegetais e os restos da nossa fibra de cana-de-açúcar, chamados Biogasse, para produzir eletricidade limpa e amiga do ambiente.

Cerca de 16 toneladas de resíduos vegetais e quatro toneladas de resíduos de matadouros serão utilizados para gerar 3.256 unidades de energia por dia através do processo de biomecanização.

Jawad insistiu: "Temos de utilizar esta tecnologia no sector agrícola e nas zonas rurais. Deste modo, podemos reduzir a fatura de eletricidade dos agricultores, que podem pagar facturas pesadas apesar da forte redução de carga com uma duração média de 18 horas por dia nas aldeias".

Do mesmo modo, a indústria açucareira tem um potencial de produção de energia de 3 000 MW através do biogás, mas apenas produz cerca de 700 MW. Sugeriu que todos os proprietários de fábricas de açúcar trabalhassem em prol da causa nacional para aumentar a produção de energia das suas fábricas e distribuir eletricidade nas cidades e aldeias mais próximas.

Por outro lado, também podemos beneficiar do sector dos animais vivos, pois o Paquistão tem cerca de 159 milhões de animais e o seu estrume pode ser utilizado para gerar 16,3 milhões de metros cúbicos de biogás por dia e 21 milhões de toneladas de biofertilizante por ano, afirmou.

O CEO da Harvest Tradings disse ainda que se os Estados Provinciais se concentrarem seriamente neste assunto com a consulta de pessoas especializadas no próximo orçamento, então poderemos cobrir o débito de eletricidade a um certo nível, uma vez que após a 18ª emenda da Assembleia Nacional do Paquistão, a maior parte da agricultura é um assunto provincial".

http://business.onepakistan.com.pk/news/general/9121-pakistan-can-generate-electricity-from-waste-of-vegetables-sugar-cane-jawad.html

Sem aspas

Perda de produtividade devido à grave escassez de eletricidade e de gás

Infelizmente, tanto a indústria como os departamentos de agricultura são culpados de negligenciar o agricultor pobre e o desenvolvimento de variedades de cana-de-açúcar, o que resulta num baixo rendimento por hectare e numa baixa recuperação de sacarose (a percentagem de açúcar recuperada de uma unidade de cana-de-açúcar). Isto significa que o agricultor precisa de um preço elevado por unidade de cana-de-açúcar para compensar o seu baixo rendimento e ganhar dinheiro com a sua colheita e as fábricas de açúcar ficam presas a uma cana com baixo teor de sacarose que impede a sua competitividade internacional. Aqui reside a génese do problema e também a solução.

Todos os moinhos foram estabelecidos em zonas de cultivo de cana-de-açúcar de primeira qualidade, onde os moinhos em funcionamento tinham gasto recursos para educar os agricultores a obterem melhores rendimentos e tinham arranjado créditos a prazo para os agricultores adquirirem sementes, fertilizantes e instrumentos agrícolas. Com a criação de fábricas por pessoas com influência e poder político, os produtores foram forçados a vender os seus produtos a essas fábricas.

A integração vertical e não a expansão horizontal da indústria açucareira é a necessidade do momento. Além disso, a cana-de-açúcar produz numerosos subprodutos valiosos, como o álcool utilizado pela indústria farmacêutica, o etanol utilizado como combustível, as tintas, os produtos sintéticos, as fibras, o combustível, o fabrico de placas de aglomerado, as cogerações de bagaço e de biogás, que constituem igualmente um recurso rico para a produção de eletricidade. O Paquistão deve cultivar cana-de-açúcar apenas para manter o nível de autossuficiência, uma vez que será mais barato no mercado interno do que investir na importação de cana-de-açúcar. Não seria viável para o país cultivar para fins de exportação. Por outro lado, o país deve aumentar a produtividade da cana-de-açúcar por unidade de utilização de recursos, especialmente a escassa e insuficiente eletricidade, o atraso tecnológico, a água de irrigação e a assistência financeira.

Destes factores, é fácil constatar que o fornecimento de eletricidade e a produtividade industrial são os únicos factores reais cujo desempenho contribui para as tendências inflacionistas; os restantes são fenómenos puramente monetários. "A dotação orçamental combinada no orçamento de desenvolvimento de 2010-11 para os sectores da água, da alimentação e da agricultura, da pecuária e do desenvolvimento dos lacticínios é superior a 40 mil milhões de rupias18 , o que demonstra que o Estado tem consciência das necessidades de segurança alimentar. Além disso, a inflação foi fixada em 9,5 por cento, tendo em conta as operações orçamentais prudentes e a gestão da oferta monetária, de acordo com o Inquérito Económico.

Citação "Moinhos para uma nova política de co-geração de eletricidade alimentada a bagaço

Da revista em papel, DAWN 2012-09-03 03:13:05

Os esforços do Estado para explorar o potencial dos projectos de co-geração de eletricidade a partir do bagaço de cana não produziram resultados positivos até agora.

À procura de mais incentivos do que os oferecidos, a indústria açucareira do país não conseguiu atingir o objetivo de acrescentar 2 000 MW à capacidade instalada. E o Estado foi praticamente forçado pelos barões do açúcar a formular uma nova política mais atractiva para a produção de energia a partir do bagaço, que deverá ser anunciada em breve.

O Paquistão produz mais de 12 milhões de toneladas de bagaço (resíduo triturado da cana-de-açúcar), como resíduo industrial, que tem potencial para gerar 3 000 MW de eletricidade. Quase todos os 80 engenhos de açúcar têm centrais de co-geração a partir do bagaço, na sua maioria para satisfazer as suas próprias necessidades. Apenas alguns engenhos têm excedentes de eletricidade para vender à empresa de serviços públicos.

Em novembro de 2005, o Conselho de Ministros aprovou planos para aumentar a capacidade existente destas centrais de co-geração para 700 MW, na primeira fase, de modo a que mais energia excedentária pudesse ser "exportada". No entanto, a reação da indústria açucareira foi morna.

Em janeiro de 2006, foi notificada a política nacional para a co-geração de eletricidade pela indústria açucareira (política de co-geração), que oferece incentivos atractivos às fábricas de açúcar, tal como os que estavam disponíveis para as IPP no âmbito da política energética. Apenas as fábricas de açúcar de Fátima mostraram interesse em construir um projeto de produção de eletricidade com duplo combustível de 125 MW, utilizando o gás natural como combustível secundário. A carta de intenção foi emitida em junho de 2007, mas o projeto não chegou a ver a luz do dia.

A política de co-geração foi revista em janeiro de 2008, em consulta com a Pakistan Sugar Mills Association (PSMA), que se comprometeu a criar uma série de projectos de 60 MW ou mais para gerar 1 000 MW numa base comercial até 2010, duplicando a capacidade combinada até 2012.

Posteriormente, a NEPRA anunciou, em junho de 2008, uma tarifa indicativa de 8,286 cêntimos de dólar por kWh nivelada por um período de 30 anos de vida do projeto, mas não foi aceite pelas fábricas. Mais tarde,

A NEPRA concordou em oferecer uma tarifa inicial de 9,28 cêntimos. Mais uma vez, a PSMA exigiu uma tarifa ainda mais elevada - um mínimo de 11,1 cêntimos.

Na Índia, a tarifa máxima para uma energia de co-geração semelhante é de 7,5 cêntimos por unidade. Não existe qualquer razão para permitir à PSMA um novo aumento, uma vez que, atualmente, a energia é fornecida pelas fábricas à PEPCO/DISCO a cerca de 7,5 cêntimos. Após ter analisado a petição relativa às tarifas, a NEPA não pôde concordar com uma tarifa mais elevada. Em consequência do impasse sobre a questão das tarifas, não foi possível avançar com os projectos propostos (exceto um).

Trata-se dos moinhos de açúcar Fatima (100 MW), Ramzan (100 MW), JDW Power/JDW (80 MW), Chishtia (65 MW), Janpur Energy/RYK (60 MW) e Dewan Energy/Dewan (120 MW).

Atualmente, sete fábricas de açúcar vendem os seus excedentes de energia ao Estado. A Layyah Sugar Mills, com uma capacidade instalada de 9,2MW, exporta 4MW. A Hamza Sugar Mills explora uma central de 23,6MW, enquanto a Shakarganj Energy/Shakarganj Sugar Mills explora uma central de co-geração de 20MW. A Al-Noor Sugar Mills produz 21,8 MW e planeia agora aumentar a sua capacidade para 36,8 MW. A RYK Sugar Mills (Rahim Yar Khan) produz 18 MW e vende 10 MW. Do mesmo modo, a Al-Moiz Sugar Mills produz 27 MW e exporta 15 MW. A JDW Sugar Mills produz 22MW, com um excedente de 10MW de eletricidade.

O grupo JDW possui três fábricas, nomeadamente a JDW Sugar Mills, a JDW-II Sugar Mills (United Sugar Mills) e a JDW-III Sugar Mills (Ghotki Sugar Mills). A JDW Power é o único projeto que arrancou entre os seis projectos identificados. Em comparação com a tarifa inicial de 9,28 cêntimos, a NEPRA fixou uma tarifa de 9,9 cêntimos para a JDW Power.

A empresa está a construir três centrais de co-geração, em fases, com uma capacidade cumulativa de 80MW. O projeto estará concluído em 2014, com um custo de 123,5 milhões de dólares. Estas centrais eléctricas, que se basearão na tecnologia de ponta de caldeiras de alta pressão e alta temperatura, serão centrais de combustão dupla, utilizando o carvão como outro combustível.

O destino dos restantes projectos está ligado à futura nova política de co-geração, que deverá compensar a indústria através da concessão de melhores benefícios fiscais e financeiros em vez do seu pedido de tarifas mais elevadas.

A tarifa inicial baseia-se num estudo de viabilidade apresentado pela PSMA para um projeto fictício de co-geração com uma capacidade de 60 MW, utilizando bagaço e carvão como combustíveis, envolvendo um investimento de capital de 96,67 milhões de dólares. Tendo em conta os parâmetros do projeto, até a viabilidade é questionável. Em primeiro lugar, não se trata de uma central de cogeração, mas sim de energia a partir de resíduos, uma vez que o bagaço misturado com carvão será utilizado durante a época de moagem e o carvão durante a época baixa. Ironicamente, apenas 25% do bagaço será utilizado como combustível e 75% do carvão.

Em segundo lugar, será utilizado carvão importado, o que reduzirá as receitas em divisas, e o projeto deixará de ser compatível com o ambiente. Em terceiro lugar, serão necessárias infra-estruturas para o transporte de carvão de Carachi para as zonas rurais dos locais de implantação das fábricas.

Em quarto lugar, apenas uma pequena parte da infraestrutura existente das instalações de co-geração será utilizada, uma vez que são propostos projectos de raiz.

Por último, e mais importante, esta eletricidade não será barata. A nível mundial, o custo de capital e a tarifa da energia produzida a partir de resíduos e/ou da co-geração são muito inferiores aos das centrais eléctricas convencionais, mas, neste caso, ambos são extremamente elevados. O bagaço, que tem um preço zero, deve ser cobrado quase ao mesmo preço que o carvão. Mais uma vez, a disponibilidade de bagaço é calculada apenas para 100 dias, enquanto a época de trituração no Paquistão é de 120-165 dias.

Em última análise, os projectos propostos pela PSMA não são economicamente viáveis nem tecnicamente exequíveis.

O Estado terá todo o interesse em não promover estes projectos e, em vez disso, adotar medidas políticas para incentivar a construção de pequenas centrais de co-geração de 25-30 MW que utilizem o bagaço como combustível primário".

http://dawn.com/news/746512/mills-for-new-policy-on-bagasse-fuelled-power-cogeneration

NÃO CONSTA

A opção de co-geração a partir do bagaço é a mais viável para o Paquistão

Os futuros mercados agrícolas exigem ambos - eletricidade e lei e ordem reflectem a situação desagradável do Estado. O Estado e os produtores de açúcar devem investir em tecnologias agrícolas, como projectos de cogeração a biogás/bagaço. Os moinhos de açúcar permanecem inactivos durante a época baixa e não produzem qualquer energia. O investimento em centrais de co-geração só pode ser economicamente sustentável se as centrais funcionarem durante todo o ano. Dado que o armazenamento do bagaço não é rentável, a central necessita de um combustível secundário, como o carvão, etc.

Por conseguinte, os desenvolvimentos de co-geração serão estabelecidos com base no bagaço durante toda a época de esmagamento da cana (ou seja, de novembro a fevereiro) como combustível principal, enquanto que de março a outubro o carvão (importado ou local) será o combustível principal.

Instalações de co-geração de bagaço para funcionar para além da época de moagem até 300-330 dias/ano. A indústria açucareira tem potencialidades para atingir patamares elevados no Paquistão se forem tomadas medidas importantes a este respeito. Outras questões importantes dizem respeito às indústrias açucareiras do Paquistão, que necessitam de esforços de investigação e desenvolvimento, de modo a satisfazer a procura agregada de eletricidade no sector rural. O facto é que o capital necessário para a adoção de tecnologias agrícolas inovadoras depende de empréstimos e de crédito agrícola, pelo que passa a ser considerado como um fator essencial da tecnologia moderna. O bagaço é um resíduo fibroso do caule da cana que se obtém após o esmagamento e a extração do sumo. É amigo do ambiente, contendo apenas 4% de cinzas e sem enxofre. A co-geração é um sistema energético de alta eficiência que produz eletricidade e calor valioso a partir de uma única fonte de combustível. O potencial de produção de eletricidade é utilizado, reduzindo assim o custo da energia e a poluição. Estão a ser criados em todo o mundo projectos de co-geração baseados no bagaço.

O Paquistão é o quinto maior produtor de cana-de-açúcar do mundo. O potencial de produção de eletricidade a partir de uma produção de cana-de-açúcar tão elevada pode ser explorado através da utilização das tecnologias mais recentes. Existem 83 moinhos no país com um potencial de 3000MW de eletricidade para a rede nacional. (Sugar Mills of Pakistan, Apêndice A).

A indústria açucareira brasileira produz 700 MW de eletricidade através do bagaço de cana, dos quais utiliza 600 MW e a restante eletricidade excedentária está disponível para venda. A Nicarágua (o país da América Central) obtém 10% do seu fornecimento total de eletricidade da sua indústria açucareira. Com o bagaço disponível, podem ser produzidos 32,22 MW de eletricidade durante seis (6) meses. A Índia é muito rica em biomassa (bagaço) e tem um potencial de 5000 MW (cogeração de bagaço).

Durante a época de moagem da cana-de-açúcar, durante quatro (4) meses, 19,72 MW estariam disponíveis como excedentes para venda e, na época baixa, 32,22 MW estariam disponíveis durante dois (2) meses para a unidade única da fábrica de açúcar.

Table 2: Estimated Co-Generation @ 9600 Tons per day Cane Crushing rate	
Cane crushing rate	400 Tons per hour
Available bagasse @ 28 %	112 Tons per hour
Process house steam required @ 45 %	180 Tons per hour

Por exemplo: A fábrica de açúcar Shah Taj utiliza a sua própria eletricidade gerada até 12,5 MW e os restantes 19,72 MW de eletricidade estão disponíveis para venda durante quatro meses. Após a época de quebras, o bagaço remanescente tem capacidade para gerar 32,22 MW, como se pode ver no quadro seguinte. Esta energia está disponível para ser vendida nos próximos dois meses a diferentes sectores a preços muito baixos, que é de Rs.7.33/kwh, como mostra o quadro 2;

Table 3: Exhaust Steam & Electric Generation				
T.G. NO.	Type	Steam consumption rate (kg/kwh)	Eletric Generation (MW)	Exhaust steam (Tons per hour)
T.G.1 (15MW) Steam Pressure 65KG/CM2	Pressure at 1.5Kg/cm^2	6.4	10.90	70.00
T.G.2 (15MW) Steam Pressure 65KG/CM2	Extraction at 1.5kg/cm^2	6.40	9.20	59.00
	for Condenser	4.10	1.46	6.00
T.G.3 (15MW) Steam Pressure 65KG/CM2	Extraction at 1.5kg/cm^2	6.40	9.20	59.00
	for Condenser	4.10	1.46	6.00
Total			32.22	200.00

Electric Balance	
Total Generation	32.22 MW
In House Consumption	12.50 MW
Surplus available for sale	19.72 MW

Bagasse Balance	
Total Bagasse available	112.00 Tons per hour
Total Bagasse required to generation 200 Tons steam @ 2.2kg steam/kg bagasse	90.90 Tons per hour
Surplus Bagasse	21.10 Tons per hour

Os Estados podem debruçar-se seriamente sobre este assunto com a consulta de pessoas especializadas, podendo então cobrir o débito de eletricidade a um determinado nível. Necessidade essencial de tecnologias mais recentes, como as centrais energéticas de bagaço/biogás, para satisfazer a procura agregada de eletricidade nas províncias do país.

As infra-estruturas eléctricas exigem melhorias e o Paquistão precisa de avanços tecnológicos

Para as reformas agrárias, a distribuição de terras entre os agricultores para aumentar o rendimento por hectare e eliminar a pobreza. Reformas segundo o modelo das reformas agrárias dos anos 60 e 70, elaboradas

(1) Utilização de tecnologia e maquinaria agrícolas modernas; disponibilizá-las aos agricultores a preços subsidiados para os produtos agrícolas.

(2) Desenvolver infra-estruturas e estradas para o sector rural, bem como a ligação entre as zonas urbanas e as aldeias.

(3) Facilidade de empréstimo para os agricultores: As instituições financeiras Zarai Tarkayati e Khushali, bem como todas as instituições financeiras de programação, dispõem de facilidades, mas as dificuldades processuais e a localização das instituições financeiras nas cidades impedem o acesso dos agricultores a essas facilidades.

(4) Os produtores devem ter acesso ao mercado nacional e internacional. Tal permitir-lhes-á obter enormes ganhos e incentivá-los-á a semear mais.

(5) Fornecimento ininterrupto de energia

(6) Mais ganhos para os agricultores e produtores: nos últimos anos, assistiu-se a uma migração das zonas rurais para as zonas urbanas. Os habitantes das aldeias procuram emprego nas cidades porque as actividades nas zonas rurais não melhoram o seu nível de vida devido aos ganhos mínimos e à ausência de poupança. Mais ganhos para os agricultores/agricultores incentivá-los-ão a permanecer nas aldeias e a dedicar-se a actividades agrícolas.

(7) Investigação e desenvolvimento: Métodos modernos de tecnologias agrícolas e investigação e desenvolvimento para uma maior produção de culturas.

(8) O Estado deve investir em tecnologias agrícolas, como projectos de co-geração de eletricidade a partir do biogás e do bagaço, etc.

(9) Distribuição da água: muito importante e muito controversa. O Paquistão deve atualizar o seu sistema Cannal e construir reservatórios para garantir água em tempos de seca.

(10) Seguro de colheitas por parte do Estado: este seguro proporcionará um sentimento de segurança

aos produtores e a outras pessoas relacionadas.

Necessidades de reforma na globalização (avanço tecnológico hábil no comércio, investimento em pessoas e ideias de investigação e desenvolvimento) Localização (descentralização fiscal e administrativa), rápida urbanização e mudança na simetria do poder económico dos países avançados para os países em desenvolvimento, como a China visionária para impulsionar mudanças produtivas, uma vez que os líderes chineses estão hipoteticamente decididos a empreender o seu programa de reforma para melhorar a República Islâmica do Paquistão.

O desenvolvimento económico de Sindh depende em grande medida do progresso e do crescimento do sector agrícola. A província contribui significativamente para a produção agrícola nacional global nas principais culturas: A produção nacional é de 32% no arroz, 24% na cana-de-açúcar, 12% no algodão e 21% na produção de trigo. A cana-de-açúcar é a principal matéria-prima para a produção de açúcar. Desde a independência, a área cultivada tem aumentado mais rapidamente do que qualquer outra grande cultura. É uma das principais culturas no Paquistão, cultivada numa área de cerca de um milhão de hectares.

Todas as fábricas estavam estabelecidas em zonas de cultivo de cana-de-açúcar de primeira qualidade, onde as fábricas em atividade tinham despendido recursos para educar os agricultores no sentido de obterem melhores rendimentos e tinham concedido créditos a curto prazo aos agricultores para a aquisição de sementes, fertilizantes e instrumentos agrícolas. O aumento do número de fábricas de açúcar em meados da década de 1980, de uma forma não planeada, que resultou na escassez de cana-de-açúcar disponível e na subutilização da capacidade das fábricas de açúcar, juntamente com o aumento regular do preço de apoio fixado pelo Estado, foram factores responsáveis pelo aumento do custo de produção do açúcar. Uma vez que a natureza da produção é sazonal e o consumo continua ao longo do ano, os custos financeiros incorridos com o transporte durante mais de seis meses reduzem as margens de lucro ou aumentam as perdas acumuladas das fábricas. O baixo rendimento e a produção estagnaram nas últimas duas décadas devido a recursos limitados e a outros factores inevitáveis. A principal razão para o baixo rendimento da cana é a falta de variedades de elevado potencial, a limitação dos recursos de irrigação e da tecnologia. A autossuficiência em açúcar é um objetivo, mas que até à data se tem revelado ilusório. A produção de cana-de-açúcar nunca poderá ser melhorada até e a menos que variedades e tecnologias promissoras sejam adoptadas em grande escala.

Iniciativas-chave de pré-requisito para o sistema de eletricidade no Paquistão

* Descentralizar a eletricidade a partir de fontes renováveis, reduzindo assim as enormes perdas de transmissão e distribuição.

* É necessário otimizar a utilização dos recursos e reduzir as importações de petróleo.

* Melhorar os benefícios socioeconómicos para a população rural.

* É necessário melhorar a qualidade e a fiabilidade da eletricidade nas zonas rurais do Paquistão.

* Redução e subsequentes benefícios ambientais.

Com estas iniciativas-chave, os projectos de eletricidade oferecem uma situação verdadeiramente vantajosa para todas as partes interessadas e para os consumidores. A sensibilização das empresas de serviços públicos e dos consumidores para os benefícios ainda é limitada.

A tecnologia do biogás combina esquemas de alta eficiência

A tecnologia do biogás combina uma elevada eficiência com uma elevada sustentabilidade, está aberta a qualquer biomassa não lenhinocelulósica, como resíduos e culturas (2nd lenhinocelulósica, a tecnologia dos biocombustíveis influenciará esta situação de forma positiva). O investimento na agricultura é, por conseguinte, forte e está a crescer As bioenergias apresentam enormes diferenças em termos de eficiência e sustentabilidade. A Alemanha, a Malásia, a Austrália, o Bangladesh e a Argentina apresentam um crescimento saudável em termos de energia, uma vez que o sector agrícola contribui para o seu próprio mercado energético com uma enorme quantidade de calor, eletricidade e gás, com um elevado potencial de redução de CO2.

Uma análise cuidadosa e detalhada das estatísticas oficiais disponíveis revela que, em 2010, os Estados Unidos utilizaram 7 GW de um total de 35 GW de eletricidade gerada a partir de instalações de bioenergia a nível mundial. No Brasil, a biomassa é a terceira maior fonte de eletricidade. O Japão e a Alemanha também estão a prestar atenção a esta técnica inevitável (World Energy Resources and Consumptions).

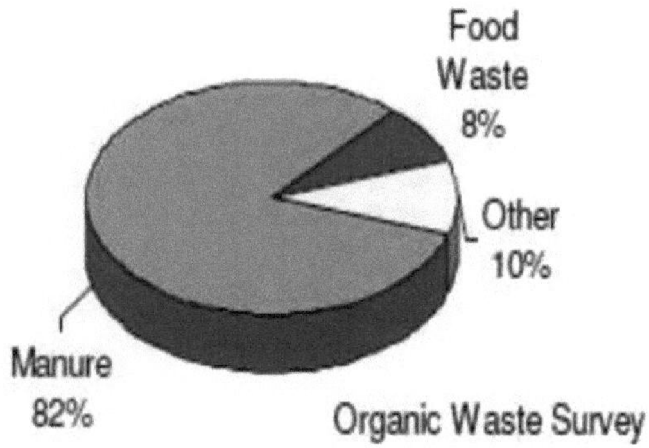

As centrais de biogás são sistemas que utilizam um processo bacteriológico denominado digestão anaeróbia para converter resíduos orgânicos em biogás. O biogás é uma fonte de energia limpa que pode ser convertida em eletricidade, calor ou biocombustível para aplicações automóveis. O gráfico seguinte mostra que a grande maioria destes resíduos provém do sector agrícola.

Exemplo: Desenvolvimento do biogás na Alemanha nos últimos 10 anos

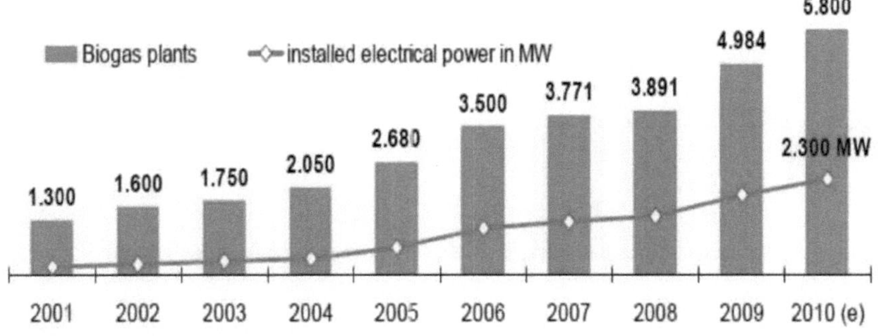

- 3,3 mio. households are served with electricity in 2009
- >15 mio. tons of manure energetically used as well as ~600 tha crops

Citação "A Leo corporation Pakistan instalou com êxito centrais de biogás:

O gás biogás está também a ser utilizado em geradores de energia para a produção de eletricidade em todo o mundo como fonte de combustível renovável. A Leo Corporation Pakistan instalou com êxito centrais de biogás para produzir eletricidade utilizando diferentes materiais biodegradáveis em Punjab. Na China, 30 milhões de agregados familiares rurais que dispõem de digestores de biogás beneficiam das seguintes vantagens

(1)   Poupar os combustíveis fósseis.

(2)   Poupar tempo na recolha de lenha.

(3)   Proteção das florestas

(4)   Utilizar resíduos de culturas para forragem animal em vez de combustível Poupar dinheiro.

(5)   Poupar tempo de cozedura

(6)   Melhoria das condições de higiene

(7)   Produção de fertilizantes de alta qualidade

(8)   Permitir a mecanização local e a produção de eletricidade

(9)   Melhorar o nível de vida nas zonas rurais

(10)   Reduzir a poluição do ar e da água No Paquistão, o biogás é produzido a partir de instalações de digestão de pequena escala e estima-se que essas instalações existam às centenas de milhares no Paquistão, em particular no Norte do Punjab, devido à próspera população de gado.

A Leo Corporation Pakistan compreendeu os benefícios das centrais de biogás e começou a trabalhar no desenvolvimento de centrais de biogás para produzir eletricidade.

Suportes de biogás bruto: Um suporte de biogás é geralmente uma cobertura de tanque flutuante invertida que fica submersa no nível da água. Estas coberturas são concebidas com um sistema guiado para garantir o equilíbrio correto da cobertura durante a posição de elevação e não se inclinar indevidamente nas condições de carga do vento. Os reservatórios de gás podem ser concebidos com qualquer diâmetro. Gás flutuante

no digestor constituem uma opção de armazenamento de baixa pressão para sistemas de biogás. Estes sistemas funcionam normalmente a pressões até 2 psi. Os suportes de gás flutuantes podem ser feitos de aço, fibra de vidro ou um tecido flexível. Um tanque separado pode ser usado com um suporte de gás flutuante para o armazenamento de biogás bruto.

Conceção: A conceção de um reservatório de gás assemelha-se a um grande contentor onde o biogás é armazenado próximo da pressão atmosférica à temperatura ambiente. O volume do contentor é concebido tendo em conta a quantidade de gás armazenado, com a pressão proveniente do peso de uma tampa móvel. Normalmente, os volumes de um grande reservatório de gás são de cerca de 500 M3, com estruturas de 60 m de diâmetro. Os suportes de gás são geralmente utilizados para efeitos de equilíbrio e não para armazenar gás para utilização posterior. Vantagens: Os suportes de gás oferecem várias vantagens em relação a outros métodos de armazenagem. Trata-se da única técnica de armazenagem que mantém o gás à pressão distrital. O gás é armazenado nestes suportes de gás durante todo o dia quando está a ser utilizado gás de pequena dimensão.

Compressão de biogás: Devido à contínua situação energética, o biogás é a única alternativa barata ao gás natural (Sui) que pode ser facilmente produzido com tecnologias disponíveis localmente. Até há pouco tempo, o biogás só era utilizado para cozinhar e para iluminação no Paquistão. O gás produzido em pequenas centrais de biogás domésticas é normalmente utilizado na cozinha através de uma tubagem; a pressão desenvolvida no reservatório de biogás é de cerca de 1-2 PSI e não é suficiente para transportar o gás para distâncias mais longas. É por esta razão que a utilização de unidades de biogás é muito limitada até à data e as unidades não são instaladas em maior escala. Uma central de biogás em grande escala que produza uma grande quantidade de biogás é muitas vezes inutilizada devido à falta de conhecimentos e de competências disponíveis no Paquistão. **Armazenamento do biogás purificado:** Uma vez purificado, o biogás é semelhante ao gás natural (metano CH4) e pode agora ser utilizado para o funcionamento de geradores e motores estacionários. Um compressor de gás comum apresenta riscos de incêndio, uma vez que a temperatura de auto-ignição do biogás é de 537 °C. As fugas e o aumento excessivo da temperatura podem ser fatais. É necessário ter o devido cuidado durante o funcionamento para não permitir que a temperatura suba acima dos limites de segurança.

A Leo Corporation Pakistan desenvolveu com êxito técnicas de compressão e armazenamento de biogás a média pressão, entre 2 e 200 psi. Para evitar a corrosão dos componentes do tanque e garantir um funcionamento seguro, o biogás é primeiro limpo através da remoção de H2S e, em seguida, o biogás limpo é comprimido antes do armazenamento em tanques. A Leo Corporation Pakistan fabrica tanques pressurizados de armazenamento de biogás de todos os tamanhos.

Depuração de biogás: Ao remover o CO2, o biogás é transformado em gás natural (Sui Gas). Após esta transformação, o biogás pode ser utilizado para o funcionamento de um motor/gerador a gás. Há muitas formas de remover o CO2 do biogás, mas a forma mais económica é passar o gás a alta pressão para um chuveiro de água. A Leo Corporation Pakistan, após muita aprendizagem com estudos de investigação internacionais, adoptou e desenvolveu uma técnica que remove facilmente o CO2 e o H2S.

Desumidificação do biogás: O biogás bruto produzido pela digestão anaeróbica está saturado de água. À medida que o biogás entra no sistema de utilização de tubagens, ocorre o arrefecimento do sistema e a água cai do biogás. Esta água tem de ser removida do sistema para proteger o equipamento mecânico e é importante que a conceção da disposição das tubagens inclua recipientes de remoção de condensados corretamente localizados. A Leo Corporation Pakistan projecta e fabrica vasos de condensação de aço inoxidável de todos os tamanhos para aplicações de baixa e alta pressão. **Filtros:** O biogás bruto produzido pela digestão anaeróbica pode conter partículas que são prejudiciais para as instalações mecânicas. Muitas das partículas depositam-se com a água nos recipientes de condensado e são descarregadas para o esgoto. As partículas mais pesadas permanecem nos recipientes sob a forma de sedimentos que devem ser periodicamente eliminados. A Leo Corporation Pakistan concebe e fabrica filtros de partículas finas para biogás, utilizando cartuchos de microfibras de polipropileno resistentes à água e que são simplesmente instalados em caixas de aço inoxidável, o que facilita a substituição. É possível obter uma filtragem até 70 mícrones e a sua conceção modular permite adaptar-se a qualquer fluxo de projeto.

Centrais de biogás: Central de biogás é o nome frequentemente dado a um digestor anaeróbico que trata resíduos agrícolas ou orgânicos. A história das unidades de biogás remonta à antiga Pérsia e à China. Observou-se que os vegetais em decomposição produziam gás inflamável. No século XIII, os chineses utilizavam tanques de esgoto cobertos para produzir energia. Em 1859, foi construída a primeira unidade de biogás para processar águas residuais em Bombaim, no subcontinente indiano.

As centrais de biogás podem ser alimentadas com culturas energéticas, como silagem de milho, ou resíduos biodegradáveis, incluindo lamas de depuração e resíduos alimentares. Durante o processo, a biomassa é convertida em metano, produzindo energia renovável que é utilizada para aquecimento, eletricidade e muitas outras operações que utilizam qualquer variação de um motor de combustão interna.

Composição típica do biogás:

Composto	Fórmula química	%idade
Metano	CH4	50-75

Dióxido de carbono	CO2	25-50
Nitrogénio	N2	0-10
Hidrogénio	H2	0-1
Sulfureto de hidrogénio	H2S	0-3
Oxigénio	O2	0-0

Vantagens da unidade comunitária de biogás:

Energia de baixo custo: O biogás produzido é uma fonte de energia renovável de muito baixo custo. Os resíduos orgânicos são convertidos em biogás e este pode ser utilizado para cozinhar alimentos, acender candeeiros a gás e utilizar o biogás em motores Peter a gasóleo para bombear água. Esta é a energia que nunca se vai extinguir.

Saneamento: com uma gestão adequada dos resíduos animais e de outros resíduos agrícolas/orgânicos, as aldeias ficarão limpas, o que permitirá melhorar a saúde e a higiene nas zonas rurais.

Controlo da poluição: Normalmente, a decomposição aeróbica dos resíduos orgânicos conduz à emissão de gases com efeito de estufa, como o dióxido de carbono ou o monóxido de carbono. O processo reduz as emissões de gases com efeito de estufa e ajuda a travar a destruição da camada de ozono.

Geração de emprego: Estas instalações podem ser facilmente instaladas e exploradas a nível das aldeias e podem ser geridas por grupos de autoajuda de mulheres ou por empresários locais com um investimento per capita inferior. Uma vez que o produto tem um mercado cativo, a fábrica será economicamente viável e criará oportunidades de emprego para um grande número de pessoas.

Adubo orgânico gratuito para os agricultores: A tecnologia do biogás permite a produção rápida de bioestrume, que é rico em substâncias orgânicas." **UNQUOTE**

Embora a digestão anaeróbia seja um processo muito antigo, a implementação deste processo com sucesso à escala comercial para a produção de energia ainda está a evoluir. As paragens de emergência no processo mostram que a tecnologia e os conhecimentos relacionados com o processo ainda têm de ser melhorados.

O crédito mútuo representa um contexto diferente, em que as cooperativas informais desempenham um papel importante, sob a forma de associações de poupança e crédito rotativo (ROSCA). Estas cooperativas estão espalhadas por todo o mundo em desenvolvimento; de facto, muitas das instituições financeiras comerciais modernas do mundo desenvolvido têm as suas origens históricas nelas. Este é o tema da próxima leitura de Besley, Coate e Loury . Numa ROSCA, um grupo de indivíduos reúne-se em datas diferentes e contribui conjuntamente com dinheiro para um fundo comum; em qualquer data, a totalidade do fundo é atribuída a um dos membros. O vencedor em qualquer data pode ser escolhido aleatoriamente ou pode ser decidido com base numa licitação. Besley, Coate e Loury desenvolveram uma teoria sobre o papel e a natureza das ROSCAs baseada na existência de indivisibilidades nas compras desejadas que tornam útil a partilha de poupanças. Por exemplo, suponhamos que uma bicicleta custa 100 euros e que cada membro só pode poupar 10 euros por mês. Isoladamente, cada um deles teria de esperar dez meses para comprar a bicicleta com as suas próprias poupanças. Se dez deles formarem uma ROSCA e contribuírem com 10 todos os meses para o fundo comum, um deles pode comprar no primeiro mês, outro no segundo mês, e assim por diante. Isto permite compras mais cedo para todos os membros exceto um, resultando numa melhoria de Pareto. É certo que não se trata necessariamente de uma ROSCA óptima, que poderia prescrever taxas de poupança individuais mais baixas em consequência da maior mutualização agora possível. Menos óbvia é a questão da forma como a ROSCA deve ser constituída. Besley-Coate-Loury comparam o desempenho das ROSCA aleatórias e das ROSCA por concurso e estabelecem um resultado geral: as ROSCA aleatórias são sempre superiores às ROSCA por concurso se os indivíduos forem todos iguais ex ante, mas o contrário será verdadeiro se forem suficientemente heterogéneos (por exemplo, no que diz respeito à preferência temporal). A versão mais simples da sua teoria não incorpora restrições de aplicação, decorrentes de um possível comportamento oportunista dos primeiros vencedores que deixam de contribuir posteriormente. É evidente que as sanções sociais desempenham um papel importante no controlo de tais formas de oportunismo. Os autores mostram como os constrangimentos de aplicação podem também explicar por que razão a dimensão do grupo pode ser limitada e por que razão se observam tão frequentemente ROSCAs aleatórias em vez de ROSCAs de licitação.

A aprendizagem social com os outros sobre a eficácia e a utilização adequada das novas tecnologias representa outra via através da qual a estrutura social afecta o processo de desenvolvimento. Um modelo de aprendizagem sobre novas práticas de cultivo a partir de experiências passadas. Os agricultores aprendem sobre os níveis adequados de aplicação de fertilizantes em ligação com novas variedades de sementes de alto rendimento (HYV), tanto a partir da sua própria experiência passada como da experiência dos seus vizinhos. O processo de aprendizagem é modelado como o resultado de uma atualização Bayesiana óptima dos priores sobre o nível correto de fertilizante, à luz da experiência passada. Parte-se do princípio de que o agricultor aprende a dosagem correta de fertilizante adequada a uma determinada parcela de terreno numa dada data, observando ex post o rendimento experimentado nessa parcela. Trata-se de um sinal ruidoso do nível ótimo de fertilizante para qualquer parcela em qualquer data futura. Por conseguinte, a experiência passada do agricultor com a plantação de sementes HYV, bem como a dos seus vizinhos, permite-lhe obter uma estimativa mais precisa da aplicação óptima de fertilizante ao longo do tempo. O modelo permite exprimir com precisão estes efeitos da experiência: em geral, são positivos e decrescentes ao longo do tempo, e existe um rácio constante entre o grau de aprendizagem a partir da própria experiência e da experiência dos vizinhos ao longo do tempo. Neste contexto, presume-se que os agricultores selecionam estrategicamente o número de parcelas em que irão plantar uma semente HYV numa determinada data, em função da experiência que acumularam até à data e das estratégias de plantação correspondentes dos seus vizinhos.

O equilíbrio dinâmico resultante é difícil de caraterizar de forma fechada. No entanto, o modelo indica a interdependência complexa entre os agricultores que resulta da presença de repercussões da aprendizagem. O aumento dos níveis de adoção pelos vizinhos permite que o agricultor aprenda mais sobre o processo de cultivo de HYV, aumentando a rentabilidade da nova tecnologia, o que induz uma maior adoção. Neste sentido, o processo de aprendizagem social incentiva a difusão da tecnologia. Por outro lado, o nível mais elevado de experiência pode fazer com que os rendimentos da experiência futura adicional diminuam; este efeito de parasitismo implica que o aumento da adoção pelos vizinhos reduzirá os incentivos à adoção própria. O efeito global das repercussões da aprendizagem na velocidade média de adoção dependerá então do compromisso entre os efeitos de rendibilidade e de parasitismo, que não pode ser determinado ao nível da teoria. Foster e Rosenzweig utilizam depois dados das decisões de adoção de HYV dos agricultores do Norte da Índia no final dos anos 60, durante a Revolução Verde, para identificar empiricamente os efeitos de aprendizagem relevantes, bem como para testar algumas das restrições impostas pela teoria (por exemplo, a constância do efeito de aprendizagem própria em relação ao efeito de aprendizagem social ao longo do tempo). Estas restrições são confirmadas pelos dados, apoiando a teoria. Ambas as formas de aprendizagem afectaram significativamente a rentabilidade das sementes HYV. Também têm efeitos positivos mais ou menos semelhantes nas decisões de adoção, embora o efeito de adoção da aprendizagem social não seja estatisticamente significativo. Assim, o processo de aprendizagem social teve, em média, um efeito positivo mas fraco no processo de adoção. As simulações da dinâmica de adoção previstas pelo modelo produzem a conhecida curva de difusão em forma de S, cuja posição exacta para um determinado agricultor depende da natureza da interação com os vizinhos. Em particular, Foster e Rosenzweig encontram provas de um efeito significativo de "freeriding" entre os agricultores no que respeita às decisões de adoção. Este facto sugere um possível papel da coordenação reforçada entre os agricultores da aldeia, bem como dos subsídios públicos que permitem internalizar as externalidades associadas às repercussões da aprendizagem. Em comum com a leitura anterior de Ghatak e Guinnane, este documento exemplifica como uma compreensão adequada do funcionamento da economia informal pode permitir a conceção de políticas intervencionistas esclarecidas que complementem de forma frutuosa os pontos fortes relativos dos sectores formal e informal da economia.

Conclusão

Tendo em conta o historial dos últimos sessenta e cinco anos, para além dos factos que impedem a sustentabilidade das melhorias, seria necessário identificar quatro grandes tendências fundamentais. Em primeiro lugar, o desenvolvimento económico sustentado não se verifica na ausência de estabilidade política. O Paquistão é um país menos desenvolvido, com um desenvolvimento limitado em todas as épocas devido à junção de vários tipos de problemas, como o que o Paquistão enfrenta atualmente enquanto país. Infelizmente, tem sido initio inexistente. O problema da energia tem, sem dúvida, afetado todos os sectores da máquina paquistanesa, desde a economia à indústria, da agricultura à vida social, da inflação à pobreza, e está a dificultar drasticamente o progresso nacional. A eletricidade é o principal problema que o Paquistão enfrenta atualmente. No Paquistão, a eletricidade é produzida, transmitida, distribuída e fornecida a retalho por dois serviços públicos integrados verticalmente: A Water and Power Development Authority (WAPDA), para todo o Paquistão (exceto Karachi), e a Karachi Electric Supply Corporation (KESC), para a cidade de Karachi e arredores. Existem cerca de 20 produtores independentes de energia que contribuem significativamente para a produção de eletricidade no Paquistão. No entanto, a ameaça da situação energética pode ser superada se o Estado desenvolver um quadro de políticas de eletricidade eficazes e se a sua aplicação proactiva beneficiar o sector rural e toda a nação. Deveríamos aprender uma lição com a Alemanha, a Malásia, a China, a Austrália e o Bangladesh, que são grandes produtores de eletricidade através de projectos de cogeração de biogás/bagaço. A indústria açucareira tem potencialidades para atingir níveis elevados no Paquistão se forem tomadas medidas importantes a este respeito.

No Paquistão, é extremamente necessário que o Estado preste atenção aos megaprojectos de eletricidade e invista em projectos de co-geração de eletricidade a partir do bagaço de cana ou em projectos de produção de energia a partir do biogás, nas províncias do Estado, e desempenhe um papel importante para o progresso e o desenvolvimento da nação, o que constituirá um esforço construtivo para melhorar o nível de vida dos produtores e o sector rural em geral, bem como para aumentar a utilização da capacidade global das indústrias açucareiras, reduzir os custos de produção do açúcar, aumentar as receitas do Estado, aumentar a produção de cana-de-açúcar e estabilizar os preços para os consumidores e aumentar os dividendos para os acionistas das sociedades anónimas. O Estado também facilita o melhoramento das variedades agrícolas de cana-de-açúcar com maior recuperação de sacarose através de institutos de investigação agrícola e de medidas mais eficazes de controlo de doenças e da utilização de melhores pesticidas. A disponibilidade de um abastecimento adequado de água, a utilização apropriada de fertilizantes e a pulverização adequada de insecticidas e pesticidas podem melhorar o rendimento por hectare. Também é necessário melhorar a aquisição e o armazenamento para reduzir os desperdícios. Para além do açúcar, podemos diversificar e produzir etanol, que se tem revelado muito útil nas economias em desenvolvimento. Outras questões importantes dizem respeito às indústrias açucareiras do Paquistão, que necessitam de esforços de investigação e desenvolvimento, de modo a satisfazer a procura agregada de eletricidade no sector rural.

Lista dos moinhos de açúcar do Paquistão Apêndice A

	List of Sugar Mills of Pakistan	
	Punjab (Province of Pakistan)	Location / District
1	Abdullah Sugar Mills Limited	Depalpur / Okara
2	Abdullah (Shahpur)	Sargodha / Sargodha
3	Adam	Bahawalnagar / Bahawalnagar
4	Ashraf Sugar Mills Limited	Ashrafabad / Bahawalpur
5	Baba Farid Sugar Mills Limited	Okara / Okara
6	Brothers Sugar Mills Limited	Chunian / Kasur
7	Chanar Sugar Mills Limited	Faisalabad
8	Chaudhry Sugar Mills Limited	Toba Tek Singh
9	Chishtia Sugar Mills Limited	Sargodha
10	Colony Sugar Mills Limited (Phalia)	Mandi Bahauddin
11	Colony Sugar Mills Limited (Mian Channu, Punjab)	Khanewal
12	Crescent Sugar Mills Limited	Faisalabad
13	Etihad Sugar Mills Limited	Rahim Yar Khan
14	Fatima Sugar Mills Limited	Muzaffargarh
15	Fecto Sugar Mills Limited	Bhakkar
16	Gojra Samundri Sugar Mills Limited	Faisalabad
17	Hamza Sugar Mills Limited	Rahim Yar Khan
18	Haq Bahu Sugar Mills Limited	Jhang
19	Haseeb Waqas Sugar Mills Limited	Nankana Sahib (Sheikhupura)
20	Huda (Fauji) Sugar Mills Limited	Nankana Sahib (Sheikhupura)
21	Hunza Sugar Mills Limited	Faisalabad
22	Husein Sugar Mills Limited	Faisalabad
23	Indus Sugar Mills Limited	Rajan Pur
24	Ittefaq Sugar Mills Limited	PakPattan
25	JDW Sugar Mills Limited	Rahim Yar Khan
26	JDW-II (United) Sugar Mills Limited	Rahim Yar Khan
27	Kamalia Sugar Mills Limited	Toba Tek Singh
28	Kashmir Sugar Mills Limited	Jhang
29	Kohinoor Sugar Mills Limited	Khushab
30	Layyah Sugar Mills Limited	Layyah
31	Madina Sugar & Chemicals (Pvt) Ltd	Jhang
32	Macca Sugar Mills Limited	Kasur
33	National Sugar Industries Limited	Sargodha
34	Noon Sugar Mills Limited	Sargodha
35	Safina Sugar Mills Limitd (Pharian Wal)	Jhang
36	Pattoki Sugar Mills Limited	Kasur
37	Ramzan Sugar Mills Limited	Jhang
38	RYK Sugar Mills Limited	Rahim Yar Khan
39	Shahtaj Sugar Mills Limited	Mandi Bahauddin
40	Shakarganj Mills Limited - I	Jhang
41	Shakarganj Mills Limited - II	Bhone
42	Sheikhoo Sugar Mills Limited	Muzaffargarh
43	Tandlianwala Sugar Mills Limited Unit - I	Faisalabad
44	Tandlianwala Sugar Mills Limited Unit - II	Muzaffargarh
45	Gunj Bakhsh Sugar Mills Limited (Pasrur)	Sialkot

Khyber Pakhtunkhwa (Province of Pakistan)		
46	Al-Moiz Sugar Mills Limited	Dera Ismail Khan
47	Chashma Sugar Mills Limited	Dera Ismail Khan
48	Chashma Sugar Mills Limited Expansion	Dera Ismail Khan
49	Khazana Sugar Mills Limited	Peshawar
50	Premier Sugar Mills Limited	Mardan
51	Tandlianwala Sugar Mills Limited (Zamand)	Dera Ismail Khan
52	Bannu Sugar Mills Limited	Bannu
53	Frontier Sugar Mills Limited	Mardan
Sindh (Province of Pakistan)		
54	Al-Abbas Sugar Mills Limited	Mirpurkhas
55	Abdullah Shah Ghazi Sugar Mills Limited (Al-Asif)	Thatta
56	Al-Noor Sugar Mills Limited	Nawabshah
57	Ansari Sugar Mills Limited	Tando Muhammad Khan
58	Army Welfare Sugar Mills Limited	Badin
59	Bawany Sugar Mills Limited	Badin
60	Dewan Sugar Mills Limited (Khoski)	Thatta
61	Digri Sugar Mills Limited	Mirpurkhas
62	Faran Sugar Mills Limited	Hyderabad
63	JDW-III Sugar Mills Limited (Ghotki)	Ghotki
64	Habib Sugar Mills Limited	Nawabshah
65	Khairpur Sugar Mills Limited	Khairpur
66	Larr Sugar Mills Limited	Thatta
67	Matiari Sugar Mills Limited	Hyderabad
68	Mehran Sugar Mills Limited	Hyderabad
69	Mirpurkhas Sugar Mills Limited	Mirpurkhas
70	Mirza Sugar Mills Limited	Tappo Badin
71	Najma Sugar Mills Limited	Mirpurkhas
72	Naudero Sugar Mills Limited	Larkana
73	New Dadu Sugar Mills Limited	Dadu
74	Pangrio Sugar Mills Limited	Badin
75	Ranipur Sugar Mills Limited	Khairpur
76	Sakrand Sugar Mills Limited	Nawabshah
77	Sanghar Sugar Mills Limited	Sanghar
78	Seri Sugar Mills Limited	Hyderabad
79	Shahmurad Sugar Mills Limited	Thatta
80	Sindh Abadgar's Sugar Mills Limited	Hyderabad
81	TMK Sugar Mills Limited	Hyderabad
82	SGM Sugar Mills Limited (Sardar Ghulam Mohammad)	
83	Tharparkar Sugar Mills Limited	Mirpurkhas

Referências:

•   Situação da energia no Paquistão junho de 2008 - Instituto de Investigação de Políticas de Islamabad (IPRI) A procura de energia no Paquistão: A Disaggregate Analysis by Muhammad Arshad Khan, Senor Research Economist & Usman Ahmed, Staff Economist, Pakistan Institute of Development Economics, Islamabad.

http://www.cssforum.com.pk/css-compulsory-subjects/essay/essays/46177-energy-   predicament-pakistan.html

•   Governo do Paquistão. 1988. Relatório da Comissão Nacional para a Agricultura, Islamabad, Paquistão.

•   O Paquistão pode produzir eletricidade a partir de resíduos de legumes e de cana-de-açúcar: http://business.onepakistan.com.pk/news/general/9121-pakistan-can-generate-electricity-   from-waste-of-vegetables-sugar-cane-jawad.html

•   Questões e análises no domínio da agricultura The Pakistan Economist link URL; http://www.pakistaneconomist.com/issue2002/issue38/i&e3.htm

•   Agricultural growth rural poverty and income inequality in Pakistan - Departamento de Economia Agrícola, Universidade de Agricultura, Faisalabad, Paquistão Web URL: http://prr.hec.gov.pk/Chapters/46-0.pdf

•   Todos os dados do sítio Web da Sindh Sugar Mills of Pakistan;

URL www.sindhagri.gov.pk/cane/list%20of%20sugar%20mills.pdf

•   Agri-overview, Aumentar o rendimento da cana-de-açúcar - Dawn newspaper http://www.pakissan.com/english/agri.overview/increasing.sugar.cane.yield.shtml

•   Co-geração a partir do bagaço Private Power and Infrastructure Board http://www.ppib.gov.pk/Co-Generation%20Policy%202008.pdf

•   Quadro concetual do conceito de investigação e desenvolvimento no Paquistão http://www.iaaae.com/pakistan/archives/docs/concepts.pdf

•   Diferença de rendimentos entre os sectores público e privado no Paquistão - The Pakistan Development   Review   39:2   (verão   de   2000)   pp.111-130 http://www.pide.org.pk/pdf/PDR/2000/Volume2/111-130.pdf

• Agricultores aconselhados a preparar as terras para as colheitas de Rabi Web URL link Business Recorder; http://www.brecorder.com/agriculture-a-allied/single/624/183/1237024/date= 2011-10-02 & http://www.brecorder.com/agriculture-a-allied/624

• Serviço Federal de Estatística, Estatísticas Agrícolas, Estado do Paquistão. http://www.statpak.gov.pk/fbs/content/agriculture-statistics

• República Islâmica do Paquistão sítios web dos sectores do comércio e da indústria http://www.ecosecretariat.org/ECOTradeNet/important trade links/Links Pakistan/ stateal agencines contact files/stateal agencines contact.htm

• O biogás é o futuro do Paquistão por Aamir Anjum Eng. Consultor da LEO Corporation Pakistan. www.leo.com.pk/.../Bio%20Gas%20is%20future%20of%20pakistan

• A investigação é o sangue da vida da agricultura, ala de investigação agrícola, Estado de Sindh, http://www.sindhagri.gov.pk/research-setup.html

• Compreender a pobreza através dos olhos dos funcionários públicos com baixos salários - The Pakistan Development Review 46:4 Part II (Winter 2007) pp. 623- 641 http://www.pide.org.pk/pdf/PDR/2007/Volume4/623-641.pdf

• Determinantes macroeconómicos da felicidade dos pobres Web URL http://www.gnh-movement.org/papers/naveed.pdf

Printed by Books on Demand GmbH, Norderstedt / Germany